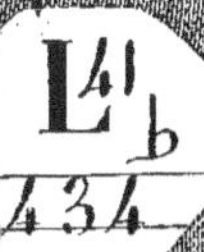

ORAISON FUNÈBRE

DE S. M. LOUIS XVI,

Prononcée dans la Chapelle de SAINT-NICOLAS de l'Hôtel-Dieu de Rheims, le Mardi 26 Juillet 1814.

PAR M. ANOT, Docteur en Théologie, Vicaire de l'Eglise paroissiale de Notre-Dame de Rheims.

A RHEIMS.

Chez LOUIS-FRANÇOIS-HYPOLITE BRIGOT, Imprimeur-Libraire, Place Royale, N°. 4.

ORAISON FUNÈBRE

D E   S.   M.   L O U I S   XVI.

Majorem hac dilectionem nemo habet, ut animam suam ponat quis pro amicis suis.
Le plus grand effort de l'amour est de donner sa vie pour ceux que l'on aime.
Evangile de Saint-Jean, Chapitre 15. vers. 14.

Messieurs:

EN parlant dans une Maison, où la mort entasse tous les jours tant de dépouilles, et plus encore, en voyant cette Couronne placée sur un cercueil, il semble que je devrois vous entretenir du néant des choses humaines, et surtout de la fragilité des Sceptres de la terre. Ce sont là, il est vrai, les leçons frappantes que nous donneront les dernières années du règne de Louis XVI. Toutefois mon but n'est pas tant de vous désabuser des grandeurs de ce monde, que de vous montrer le sublime usage qu'en a fait le Roi que nous pleurons. Je ne vous exhorterai point à plaindre le Prince dépouillé de l'éclat qui l'environnoit ; mais je vous engagerai à admirer en lui le Chrètien, l'Ami de la vertu, le Père de son peuple, et le Martyr de son amour pour lui.

Que de titres à notre affection ! Qu'ils exigeroient un vaste développement ! Mais je choisirai les fleurs que je veux jetter sur son tombeau.

La bonté fit constamment le fond de son caractère. Dieu met cette vertu dans le cœur de chacun des hommes, en le formant. Dans un grand nombre, elle est affoiblie par les passions. Dans Louis XVI, rien ne l'altéra jamais, de sorte qu'en louant ce Roi, je louerai la bonté même. Cette vertu seule, tant elle a dominé dans ce Prince, peut fournir, au plus foible orateur, une riche matière de louanges.

Mon discours vous intéresseroit peut-être davantage, si je me bornois à calculer l'atrocité des derniers événements du règne de Louis XVI. Mais j'aime mieux considérer, dans sa vie, la puissance de la grace, qui le soutint dans ses malheurs, que les mesures insidieuses de la faction qui le rendit malheureux. J'aime mieux suivre la providence de celui qui, par une voie pénible, le conduisoit au Ciel, que la barbarie de ceux qui le traînèrent à l'Echaffaud. J'aime mieux enfin vous montrer la miséricorde de Dieu, pour le sauver, que les artifices des hommes, pour le perdre. Je m'arrête donc principalement à l'idée que je vous ai indiquée. Louis XVI fut un bon Roi, j'ajoute, il fut victime de sa bonté.

Son père, le plus vertueux des Princes, mais que le ciel né fit que montrer à la terre, ne put lui donner qu'une leçon, celle de la mort. Heureusement, l'éducation du duc de Berry fut confiée à des mains sages. Ecoutez, ô vous qui instruisez

les Princes., écoutez la voix de la Religion. Elle vous dira que le plus bea
présent que vous puissiez faire à un Etat, c'est un Roi chrétien. Vos leçons son
alors des bienfaits pour l'humanité entière. Mais pour que ces éducations royale
aient tout leur succès, il faut non seulement l'esprit d'un Vauguyon et d'u
Evêque de Limoges, il faut aussi le cœur de Louis.

Jamais plante ne fut cultivée avec plus de soin, mais aussi jamais plante n
se vit plutôt couronnée de fleurs et de fruits. Rarement l'enfance des Rois entr
dans leur eloge. Content d'admirer le cours majestueux de ces grands fleuves; o
ne remonte guère à leur source. Dans Louis XVI, la bonté devance l'âge ; l
premier usage qu'il fait de son cœur, c'est de le diriger vers la Bienfaisance
Qui ne sait qu'il fut admiré dans un temps où les autres sont à peine connus
La vertu n'attendit point en lui le nombre des années; son heureux naturel n
laissa presque rien à faire à l'éducation. Ce qui est dans les autres le fruit de l
réflexion étoit, ce semble, le fond du tempérament de ce jeune Prince.

Admis pour la première fois à la participation des saints mystères, il les re
çoit avec une dévotionsi tendre, qu'il paroît oublier que le sang de tant d
Rois coule dans ses veines, pour ne penser qu'au sang de Jesus-Christ qui l
sanctifie. Sa naissance le fera un jour maître des hommes : mais il s'estime plu
heureux que la Religion le fasse enfant de Dieu.

Il éblouïssoit la cour par ses vertus, mais jamais la cour ne l'a ébloui par s
magnificence. Il sembloit même lui préférer le sombre spectacle de ces chaumière
où languit l'indigence. Avare pour lui même, prodigue pour les autres, sa charit
comme un fleuve abondant qui s'épanche sur des terres arides, pénétroit dar
ces aziles de la pauvreté, qu'une sainte et ingénieuse curiosité lui faisoit découvrir
et répandoit à propos des bénédictions sur les nécessités que la honte tenoit cachée
Que diront, après cet exemple, ceux à qui tout est étranger, excepté eux
mêmes, et qui, enivrés des délices de leur fortune, abandonnent froidemen
les autres à toutes les angoisses de la leur ?

La gloire d'un Souverain m'éblouit et m'en impose; mais mon amour ne s
donne qu'à celui qui s'attendrit sur les maux qu'il n'éprouve pas, mais qu'
sait que d'autres éprouvent. Voilà le Souverain que j'aime; mon cœur est à c
prix. A ce prix aussi, Louis XVI dut avoir le cœur de tous ses sujets. Sa vi
est pleine de scènes attendrissantes de son zèle a faire le bien, de sa craint
même de n'en pas assez faire. Il crut que sa bienfaisance étoit son premie
devoir: au moins fut-elle toujours son premier vœu. S'il eut de la joie de se voi
destiné à regner, c'est parce qu'il pouvoit contenter le desir immense qui san
cesse le sollicitoit à faire du bien. On eût dit qu'il perdoit ce qu'il ne donnoi
point. Je ne révélerai point les bonnes œuvres qu'il a faites: je les laisse sou
le voile dont sa modestie les couvroit.

Dans le temps que le Dauphin donnoit à la nation des espérances si flatteuses, croissoit et se formoit, à l'ombre d'une pareille éducation, une Archiduchesse d'Autriche, que le ciel, ami de la France, destinoit à Louis. On admiroit dans cette Princesse, une ame aussi belle que la couronne qui l'attendoit. Ce fut l'intérêt de l'état qui fit ce choix, mais Louis n'auroit pas pu mieux choisir lui-même. Je ne releverai point la beauté de cette Alliance. On dit tout, quand on parle de la fille de Marie-Thérèse, de cette Sémiramis de l'Allemagne, que ses ennemis n'ont combattue qu'en l'admirant. On voyoit avec plaisir s'avancer le jour de cette union. Enfin on posseda la Princesse qui devoit partager les hommages de la Royauté. Ce mariage enivra toute la France. Mais faut-il que des torches funèbres s'allument au flambeau de cet Hymen? Une trop grande liberté accordée à la joye publique, fit couler les premières larmes des deux augustes Epoux. Funeste présage! Voyez, Messieurs, voyez la tombe qui reçoit les victimes de cette fatale journée. C'est la même qui recevra, dans quelques années les restes de Louis XVI. Est-ce le hazard, est-ce le défaut de précautions, ou la malignité réfléchie des malveillants qui causa ce désastre? Toujours est-il vrai que des hommes, peu accessibles d'ailleurs aux préjugés populaires, ont conçu dèslors l'idée qu'un Règne dont la mort étoit le précurseur, finiroit par une catastrophe. Mais, ô mort, écarte-toi de notre pensée et laisse nous tromper, au moins pour quelques moments, la violence de notre douleur, par le souvenir de notre joye.

Louis rendoit Marie-Antoinette la plus heureuse des épouses; la naissance d'une Princesse la rendra bientôt la plus illustre des mères. Princesse, que votre destinée est grande! Grande par le courage avec lequel vous supporterez vos malheurs; grande par les vertus que l'Europe admirera en vous; grande enfin par le changement inopiné de votre fortune qui, à un exil trop long, fera succéder votre retour dans le palais de vos pères.

J'ai parlé des vertus de Louis encore Dauphin; voyons l'usage qu'en a fait Louis devenu Roi. Le décès de son ayeul le condamne à monter sur le trône. Le condamne! Oui, Messieurs, je le sais, l'expression est étrange, et je n'aurois jamais osé l'employer, si Louis XVI lui même ne me l'avoit dictée. Je la vois dans son Testament, où il m'apprend qu'on doit, ou du moins, qu'on peut regerder comme un malheur, d'être appellé, par sa naissance, à règner. Que l'ambitieux regarde comme le suprême bonheur celui de porter une Couronne. Louis, dès qu'il l'a sur la tête, s'en trouve accablé. Ses mains couvrent son visage, et après quelques moments d'un silence douloureux, il s'écrie: *Quel fardeau!* Ah! Il doit péser sur lui plus encore qu'il ne le prévoit. S'il savoit qu'un jour..... Mais voyons-le règner, avant de le voir mourir.

La France est épuiséee par une guerre ruineuse, qu'une paix peu honorable a terminée. Le désordre est dans les Finances. Des partis divisent la Cour. Les

grands Tribunaux, ces Corps politiques, qui soutiennent la Monarchie, sont dis-
sous. Le Ministère est décrédité, ou peu estimé. Il faudroit des hommes d'Etat
d'un mérite plus qu'ordinaire, mais la nature et le siecle en sont avares. Quelle
ressource reste à Louis? Aucune au déhors; au dedans de lui même, il a sa
bonté. C'est par elle qu'il va règner.

Il remet à son peuple le tribut du *joyeux avénement*, afin de recevoir de lui
le tribut de son amour. Il lui rend ses Magistrats, qui, en renaissant, jurent de
mourir pour le Roi. Serment inutile! Ils ne prévoyoient point qu'ils devoient périr
avec lui.

Les actes de cette bonté vraiment royale, se succèdent et se pressent. C'est la
Question abolie : le Roi craint que la Torture n'oblige l'innocence à se calomnier
elle même. C'est la salubrité rendue aux prisons, où, jusques là, le plus grand
des supplices étoit de ne pouvoir cesser de vivre. La construction des grands chemins,
de ces veines politiques, qui portent la fécondité partout, assujétissoit à une corvée
onereuse; elle est allégée. Des attéliers de charité sont établis. Il n'étoit pas à
croire que les malheureux, qui y trouvoient leur subsistance, formeroient un jour
une armée de factieux, qui marcheroit contre son Roi. Les ports sont réparés.
Les phares se multiplient sur les côtes. La Manche est étonnée des travaux de
Cherbourg. Cherbourg! Ah! Quel nom! A ce nom, est-il un François qui ne
se rappelle cette course triomphale, où Louis entraînant tous les cœurs à sa suite,
pleuroit de joye, en voyant les larmes de joye, que sa présence faisoit répandre;
où sa belle ame crut et dut croire au témoignage de ses sujets, qui l'appelloient
le meilleur des Rois, leur père, leur bon père. Ma mémoire me redit encore ces
expressions: car dans quelle Province n'ont elles pas rétenti? Et c'est ce même
peuple qui a immolé son Roi adoré par lui même dans le voyage de Cherbourg!
Ah! Messieurs, je n'accuse pas la nation entière, je dirai seulement que l'amour
du François pour ses Souverains a dormi quelque temps, dans le cœur d'un
certain nombre, qu'actuellement il s'est réveillé dans ceux-là, et qu'il est vif et
sincère dans tous.

Avouons-le pourtant, le Roi s'est montré supérieur à sa nation. Une partie de
cette nation lui a manqué. Lui, il n'a manqué à personne; il fut bon pour tous.
Ce fut même là, disons-le à notre gloire, ce fut le premier jugement que les
François portèrent de lui, à son arrivée au trône. J'en atteste cette ingénieuse
Inscription, mise au bas de la statue de Henry IV, qui peignoit si bien le
nouveau Roi, par ce seul mot: *Resurrexit :* Le bon Henri est réssuscité. Louis,
en effet, avoit la sensibilité du premier des Bourbons. Mais il ne faut pas s'éton-
ner que les frénétiques, qui ont brisé l'image de l'Ayeul, aient méconnu ce que
valoit le Petit-Fils.

Avant ce temps de délire, les François ont si bien su apprécier leur Roi
qu'ils n'ont pas même songé à lui imputer un défaut, quoique, sur le trône, il

y ait bien peu de réputations irréprochables. Oui, il est bien difficile d'être tout-puissant pour les autres et de ne pas être foible pour soi, difficile de commander aux hommes et de ne pas obéir à ses passions. Sur le trône, il faut avoir bien des vertus, pour n'avoir pas de vices. C'est un prodige, et ce prodige, nous l'avons vu. Au milieu des écueils de la cour, jeune et Roi, Louis fut vertueux. Une preuve, après laquelle il seroit absurde d'en demander une seconde, c'est que ses ennemis les plus furieux, n'ont jamais osé, dans leurs déclamations, flétrir l'intégrité de ses mœurs.

Econome pour lui même, il dédaigna la fausse gloire de forcer la nature et les éléments, pour élever ou embellir des Palais. Ses plaisirs n'avoient rien d'onereux pour l'Etat ; ils consistoient à se délasser avec ses Enfants, à s'entretenir avec ses Amis : car il en avoit, et étoit digne d'en avoir. Si les Artistes ont reçu de lui des récompenses, c'est quand leurs Chefs-d'Œuvre étoient utiles non à lui, mais à ses Sujets. Il ne prend sur l'Etat que pour l'Etat. S'il veut contenter la générosité de son cœur, il prend sur ses domaines.

Ennemi de l'adulation, elle n'osa l'approcher. Il aima tellement la Vérité que ses Courtisans, pour lui plaire se virent intéressés à la lui dire. Sa faveur étoit à ce prix.

Ennemi du Despotisme. Quoique des hommes de mensonge l'aient appellé, à haute voix, un Tyran, je dirai plus haut encore que jamais République ne fut plus libre que la France sous l'empire de Louis. Et après tout, nous avons été Républicains, et nous étions esclaves.

Ami des hommes de tous les pays. Dites-nous le, infortuné La Peyrouse, vous, l'objet jadis de l'inquiétude et aujourd'hui des regrets de l'Univers ; vous, que le Roi avoit choisi pour parcourir le Globe, dites-nous ce qu'il vous recommandoit de communiquer aux Etrangers, quand vous allâtes prendre de lui un congé, hélas ! éternel ? Donnez-leur, vous disoit ce Prince, non des fers ou des mœurs corrompues, mais des connoissances et des arts utiles. Certes, ce n'est pas là un fougueux Alexandre, qui va porter le ravage au loin ; c'est un ami de l'humanité, dont la bonté s'élance au-delà des mers, pour conquérir des amis à la France, sans troubler le repos du monde.

Bon Père, bon Frère, bon Epoux. Je ne veux pas déchirer vos cœurs d'avance par le récit de ce qu'il souffrit, en voyant la Reine et Mme. Elizabeth partager ses souffrances. Il perd son Fils ainé, lorsque lui même avoit déjà perdu une partie de sa liberté. Dans ce moment de deuil, des Députés du Tiers-Etat exigent hautement et impérieusement une audience, sans donner à ce père désolé le temps d'essuyer ses larmes. *Ah*, s'écrie Louis, dans son affliction, *il n'y a donc point de père dans cette Chambre du Tiers ?*

Bienfaisant pour ses ennemis même. Un Prince Indien, en guerre, avec l'Angleterre, charge ses Ambassadeurs de demander au Roi de France ce qu'il peut faire qui lui soit agréable. *Rendre* , dit Louis, *la liberté aux prisonniers Anglois.* Ah ! sans doute l'histoire de Louis XVI ne lui fera pas le tort d'oublier une réponse si généreuse. Il ne voyoit que l'homme dans le malheureux , il n'y voyoit plus l'ennemi.

Tant de vertus que j'ai exposées , tant d'autres que je n'ai pas le temps de citer. seroient plus que suffisantes, pour faire l'éloge d'un Prince, qu'on voudroit donner pour modèle aux autres Princes. Son panégyrique seroit achevé. Celui de Louis n'est que commencé. C'est aux disgraces à étaler sa vertu toute entière. Vous me prévenez, Messieurs; je vais entrer dans les évènemens de cette révolution dont Louis fut la victime.

Mais comment un Roi que j'ai peint si bon, si aimant, comment est-ce le même qui va tomber sous les coups de ses sujets?

Quoi! ces conquérants, ces destructeurs de l'espèce humaine, qui ont fait porter le deuil à tant de mères et à tant d'épouses , ils ont trouvé des admirateurs et des apologistes! L'audace de la critique les a respectés, eux, qui n'ont parcouru la terre qu'en la désolant. Et les fougueuses déclamations des philosophes, qui ont ménagé ces Rois, fléaux du monde, n'auront été que pour Louis XVI, qui en a été le bienfaiteur! C'est donc qu'on est tout, au jugement de la philosophie, quand on a des vices sonores, et quon n''est rien, quand on n'a que des vertus tranquilles. Alexandre a fait trembler l'univers, et l'univers s'est tû , ou s'il a parlé, ce fut pour lui donner le nom de Grand. Louis a été bon, jusqu'à appeller ses sujets, pour lui servir de conseil, et on l'a outragé. C'est donc à dire qu'il a été bon , jusqu'à être, pour ainsi dire, obligé de s'en répentir. Voilà , Messieurs, l'idée que j'ai promis de vous développer. Il n'est pas donné à la nature d'être sans défauts; ces défauts, dans les autres hommes, on cherche à les cacher ou à les adoucir; mais l'excès de bonté dans Louis XVI , cet illustre défaut, je l'exposerai tout entier ; j'en ferai le sujet de sa gloire. Dans beaucoup de Princes qu'on a pourtant loués, tout étoit défectueux, imparfait, suspect même, jusqu'à leurs vertus; dans le Roi que je loue, tout a été louable, jusqu'à son défaut, son unique défaut, celui d'avoir été trop clément.

L'édifice du crédit public chanceloit ; les fondemens en étoient sappés depuis long-temps, par une administration usuraire , que le Roi a plus d'une fois désapprouvée ; mais que le ministère regardoit comme une mesure indispensable, Dans cette crise, une grande idée est présentée au Roi, c'est d'assembler les *Notables.* Henri IV l'a fait. Ce nom en impose à Louis. Il est vrai que la fermentation est générale , par conséquent le moment peu favorable; l'orage menaçant, c'étoit attirer la foudre, au lieu de l'éloigner. Mais vouloit-on réellement l'éloigner ? Le vouloit-on de bonne foi ? Celui qui s'y trompa le moins, fut le Roi. Il montra de la répugnance. Mais malheureusement, on lui mit devant les yeux l'idée flatteuse du salut de son peuple, On triompha de son cœur par là. On étoit sûr de le subjuguer , en donnant à la perfidie la physionomie de la vertu.

L'assemblée des *Notables* ne fut qu'inutile, mais donna lieu à une mesure, qui devint funeste, ce fut de convoquer les *Etats-Généraux*.

Ah! Prince, c'est pour la dernière fois que vous paroissez aux yeux de votre peuple en Roi; vous lui protestez que vous êtes son premier ami. A ces mots, on a vu pourtant des yeux se mouiller de larmes. Le Roi sort aux acclamations du peuple. C'étoient les derniers soupirs de la Monarchie.

Je ne vous rappellerai point ces jours d'horreurs qui ont éclairé le berceau de la révolution : je ne vous montrerai point le trône nageant dans le sang des Gardes du Corps; des hommes se nourrissant de la chair des hommes; un assassin frappant trois fois d'un fer homicide le lit de la Reine: un autre, tout dégoutant de sang, demandant, la hache à la main, qu'on lui désigne les victimes qu'il doit encore égorger: des têtes portées sur des piques, sous les yeux de la famille royale; des torches incendiaires se promenant autour des édifices les plus somptueux des Provinces; je laisse ces atrocités, pour m'attacher principalement à Louis XVI. Son règne a fini; son martyre commence.

Et quel martyre plus cruel, pour ce Monarque sensible, que de voir une poignée de factieux, flatter le peuple pour l'asservir; de voir que, dans cette anarchie calculée, tout ce qui est modéré est criminel; tout ce qui est fidèle, est jetté dans les fers; que la vertu seule est dénoncée : qu'enfin dans cette explosion des plus impétueuses passions, tout est souverain, excepté le Souverain lui-même; nul frein à la licence; l'insurrection sous le nom *du plus saint des devoirs*. Non, jamais mon esprit ne pourroit se résoudre à se jetter parmi ces horreurs, si la constance magnanime avec laquelle le Roi les a soutenues, ne surpassoit de beaucoup le crime qui les a commises. A la vue de tant de maux, ce bon Prince ranime ses forces, ou plutôt soulève ses chaînes, vient au milieu de l'Assemblée usurpatrice, apporter les dons de sa bienfaisance, c'est-à-dire, tous les sacrifices que le souverain Pouvoir peut faire, pour détourner les calamités qui menacent la patrie. Vaine démarche! La soif de régner s'irrite dans les conjurés. L'orage grossit, (1) M. le Comte d'Artois se dérobe aux poignards, emportant l'épée de Henry IV, seul bien qui lui reste de l'héritage de ses ayeux. La Reine est sollicitée de fuir ; mais plus grande que son infortune, elle, résiste à tout, même à son mari, et ce fut pour la première fois. *Mon devoir*, dit-elle, *est de mourir aux pieds du Roi.* Une horde de peuple égaré assiège le Monarque. O nuit effroyable, ô nuit désastreuse! Qui pourra compter les crimes que tu couvris de ton ombre? Les assassins se précipitent chez la Reine, qui se réfugie près du Roi, emportant dans ses bras son fils, seul bien d'une mère. Mille atrocités souillent le Palais; tout y nage dans le sang, et le ciel nous a épargnés?

Le secours pourroit venir du déhors; mais Louis le repousse; il suspend l'indignation des Souverains étrangers. Il voudroit ne devoir le retour des François

---

(1) 5 et 6 Octobre 1789.

qu'aux François même. Il ne desire se soustraire à leur fureur que pour la leur pardonner ; c'est dans cette vue qu'il projette le voyage de Montmédy. Le ciel ne fut favorable qu'à Monsieur, qu'il voulut nous conserver, pour nous consoler plus tard de la perte que nous devions faire. Hors des limites de la France, ce Prince jette en soupirant, un regard sur cette terre qui dévore ses habitans. Il considère de quel côté va tomber ce grand arbre, qui, planté par Pharamond, a résisté à tant de secousses, mais qui aujourd'hui est ébranlé par tant de mains, et frappé de tant de coups à sa racine.

Le crime eut des aîles assez promptes pour atteindre le Roi et le reste de sa famille, à Varennes. Mais qu'il dise un mot, qu'il donne l'ordre ou la permission de dissiper ce peu d'hommes qui l'arrêtent ; les braves, qui lui restent, n'attendent qu'un signal, pour écarter ces malheureux. Mais souvenez-vous, Messieurs, qu'il est de la destinée de ce Prince, de périr victime de son excès de bonté. Il faudroit faire couler le sang, pour qu'il se sauvât, il ne se sauvera pas. Il marche à pas lents, d'insultes en insultes ; il n'arrive que pour trouver des fers. O retour, ô voyage bien différent de celui où il avoit vu les vagues de la mer se courber, pour ainsi dire, devant lui ; où les cœurs de ses sujets voloient de toutes parts sur son passage ; où c'étoit un bonheur pour les pères de famille de raconter à leurs enfants qu'ils avoient vu le Roi ; où ce bon Prince écrivoit à la Reine qu'il s'estimoit le plus heureux des Souverains, parce qu'il étoit sûr d'être aimé ! François, qui le bénissiez alors, parce qu'il vous faisoit du bien, quel mal vous a-t-il fait depuis, pour le maudire ?

Peut-être eût-il pu encore calmer la rage de ses ennemis. Il est vrai que c'eût été aux dépens de son devoir, et fils de S. Louis, il avoit, comme lui, appris de Blanche de Castille, qu'un Roi doit consentir à perdre le trône plutôt que la grace de Dieu. Il n'étoit déjà que trop répentant, nous pouvons le dire, puisqu'il s'en accuse humblement dans le testament admirable qu'il nous a laissé, il n'étoit que trop répentant d'avoir mis, quoique contre son gré, son nom à des actes qui blessoient la croyance et la doctrine de l'Eglise. Cette démarche, qui déplaisoit à sa conscience, n'avoit pourtant pas suffi, pour satisfaire les rébelles. Il eût fallu favoriser l'établissement du schisme, et il parut l'entraver ; il eût fallu rompre avec le S. Siège, et il y eut recours. Ce contraste faisoit la censure des factieux. Nouvelle cause de la haine qu'on lui voua : cause sainte, qui, de cet illustre persécuté, fit un martyr, non seulement de son amour pour son peuple, mais de son attachement à sa religion. Ainsi en a jugé le vénérable Pontife Pie VI, dont j'ose à peine parler ici, parce qu'il faudroit dire qu'il fut une autre victime de notre révolution ; il est vrai que je pourrois ajouter qu'il fut un autre martyr.

(1) Une nouvelle scène d'horreurs nous appelle aux Tuilleries. L'armée des factieux monte, recule épouvantée du bruit qu'elle entend. C'est le Roi lui-même qui fait ouvrir les portes. L'ange consolateur de la famille royale, Madame Elizabeth,

---

(1) 20 Juin 1792.

s'élance au devant du Roi, pour recevoir les coups qui lui seroient portés. On se méprend à son air majestueux, on la croit la Reine, on l'avertit de l'erreur. *Gardez-vous*, dit-elle, *de les détromper.* En vérité, je ne vois que des actes d'héroïsme d'une part, et de l'autre, que des actes d'atrocités. Une foule de brigands inonde le Sanctuaire de la Majesté Royale. On ne parle que de sang et de mort. On fait courber la tête auguste du Roi sous une masse d'opprobres. Le Monarque saisit la main d'un soldat, l'applique sur son sein, et lui prouve que son cœur n'est point ému, même au milieu des glaives. Ah! c'est que son cœur, il l'avoit placé au sein de la religion, dans ce lieu haut, inaccessible à toutes les frayeurs. Il craint Dieu: et n'a point d'autre crainte. Voyez-le, François, voyez votre Roi, puisque vous pouvez le voir encore. On vous l'a peint comme un Roi foible. Voyez si, poursuivi à toute outrance par l'implacable malignité de ses ennemis, il s'est manqué à lui-même; si on a pu l'insulter, on n'a pas pu l'avilir, et il a montré qu'il n'est pas permis à des rébelles de faire perdre la Majesté à un Roi qui sait se connoître

Mais où sont donc ces Corps d'élite, qui jadis entouroient le trône, et qui auroient plus que jamais besoin de l'entourer aujourd'hui qu'il est si indignement assailli? Le Monarque les a réformés en partie, ou en totalité, et s'est mis par-là à la discrétion de ses ennemis. Voilà la funeste issue de sa trop généreuse économie, de son excessif amour pour son peuple, encore une fois, de cette immense bonté dont il devoit être la victime.

De souffrances en souffrances, arrive ce jour exécrable, ce jour qui salira à jamais les Annales Françoises, ce 10 Août. (1) Ce jour, le Roi le sait, a été choisi pour consommer un grand attentat. Toutefois, il interdit aux Suisses toute agression; il ne leur permet que la défense. Elle eût peut-être suffi; mais un avis perfide est donné à Louis XVI, c'est de se réfugier dans l'Assemblée. Il y reste captif, ou plutôt à l'agonie pendant trois jours. Il n'en sort que pour entrer dans les cachots du Temple. Le roulement funèbre des verroux retentit anx oreilles du Roi et de sa famille. Pleurez, ô François, pleurez, je vous ai dit où est votre Roi.

Il est dans une prison. O vous, qui l'y avez précipité, je n'oserois plus vous rappeller à votre religion, ni à votre conscience; mais au moins, au nom de l'humanité, revenez à vous-mêmes et apprenez à rougir. Mais non, vous ne tirez Louis de son obscurité, qu'afin qu'il voye plus clairement et en face ses accusateurs et ses juges. Vous le traduisez à la *Barre*, vous l'interrogez! Dieu! Quel mot, quand il s'agit d'un Roi! Vous le tenez assez long-temps dans cette angoisse, pour que ses forces s'épuisent et que la faim le presse. Le fils de tant de Rois vous demande un morceau de pain. On le lui apporte par grace. Ah! qu'il dut lui paroître amer!

Nous sommes obligés de l'avouer, c'est chez nous que c'est passée cette affreuse tragédie. Qui a pu nous porter là? C'est en premier lieu, que Dieu vouloit montrer, en se servant toutefois des passions des hommes, qu'à lui seul appartient toute puis-

---

(1) 1792.

sance; qu'il élève ou abaisse les trônes à son gré; qu'il peut, quand il lui plait, se-
couer et briser la terre, et guérir ses blessures. Mais outre cette cause, que je trouve
dans la souveraineté de Dieu, j'en assigne une autre, qui a opéré notre révolution,
C'est cet oubli de la Religion Chrétienne, qui ordonne l'obéissance aux Rois. Arrê-
tons-nous ici un moment.

Si je retrace la cause de nos malheurs, je n'en ferai point d'excuse à mon Audi-
toire, où, tout ce que je vois me montre une fidelité irréprochable,

Les étrangers, en apprenant les excès sacrilèges, dont nous abhorrons la mémoire,
ont été tentés d'en accuser notre Nation entière. Mais quand on considère dans l'histoire, que les François se sont toujours distingués par un amour extrême pour leurs
Souverains, on ne doit pas inculper aveuglement le naturel du peuple, ni croire que
le sang de nos péres se soit totalement corrompu dans la génération actuelle. Ceux
qui ont à rougir de ces attentats, sont en petit nombre. Mais, ce petit nombre, qui a
pu le dépraver ainsi? Je le répête, ce sont les principes anti-chrétiens.

Depuis long-temps des esprits d'une hardiesse extrême faisoient, dans leurs écrits, la
guerre à la Religion. Peu-à-peu les oreilles s'étoient accoutumées à entendre ces
blasphêmes, et les yeux à les lire. La foi s'affoiblissoit dans plusieurs. Mais le trône
n'est ferme qu'a l'ombre des Autels; ceux-ci une fois ébranlés, l'autre devoit chan-
celer. Les peuples ont dans le cœur, je ne sais quoi d'inquiet qui s'échappe, quand
on leur ôte le frein de la Religion. Dès-lors se répandit partout un chagrin superbé
et un esprit de révolte. Dès-lors aussi, on prévit que la licence n'ayant plus de bornes, la Royauté perdroit ce qu'elle a de respectable. Les sages le prévirent, mais les
sages sont-ils écoutés dans des temps de trouble et d'emportement? Et depuis un
demi-siècle surtout qu'ils avoient comme signalé les événemens dont nous fûmes les
témoins, ne s'étoit-on point moqué de leurs prophêties? Quelque chose de violent
se rémuoit au fond des cœurs? Chaque jour enfantoit des plans, des systêmes, dont
l'un ne différoit de l'autre que parce qu'il étoit plus subversif de l'autorité. A force
d'agiter les matières politiques, ce fut comme une terre sans consistance, qui tom-
boit de toutes parts et ne laissoit voir que des précipices. J'appelle ainsi toutes ces
formes de gouvernement qu'on fit subir à la Fance. Toutefois, la multitude toujours avide de nouveautés et à qui on ne parloit que de liberté, se laissoit prendre à
cet appas et suivoit en aveugle.

L'illusion fut telle, que plusieurs, bien pensant d'ailleurs, prirent la mauvaise
cause pour la bonne, et suivirent d'abord le torrent. Et s'ils le suivirent trop long-
temps, c'est qu'ils se trouvèrent dans le même embarras qu'un Pilote qui, surpris
par l'orage en pleine mer, est contraint de s'abandonner, pour un temps, à la merci
des vents. Mais quand ils se virent confondus avec ces fiers ennemis du trône, qui
ne visoient qu'à le renverser, par une pénitence plus glorieuse, en quelque sorte,
que l'innocence même, ils réparèrent l'erreur de quelques jours par un attachement

constant aux bons principes.. Je ne veux donc parler ici que de ceux qui, une fois conjurés contre le Roi, ne furent satisfaits que quand ils le virent anéanti.

Envain ce malheureux Prince avoit-il trouvé un défenseur dans le vertueux Malesherbes, La vérité n'a plus d'auditeurs. Louis pressent sa mort; il s'y prépare. Dans ces moments, son ame fut toujours égale, il fut alors ce qu'il avoit toujours été. Il ne fit que changer de vertus, quand la fortune changea de face; heureux sans orgeuil, malheureux avec dignité : aussi admirable quand il supportoit patiemment les outrages de sa garde au Temple, que quand il recevoit les acclamations de son peuple à Cherbourg. Ce fut alors qu'il écrivit ce monument de la plus touchante éloquence. On voit que je parle de son testament. Il recommande à son fils, si jamais il a *le malheur d'étre Roi, de ne pas venger sa mort...* Ah ! je regrette les bornes trop étroites de cette enceinte. Il faut éclater et faire retentir au loin des paroles qui ne peuvent être assez entendues. Si son fils a le malheur d'être Roi! Quelle leçon sur la vanité et même le danger des grandeurs! Il doit pardonner la mort de son père ! C'est la dernière volonté d'un Roi, qui va périr par le fer du Bourreau, dans sa Capitale, d'après une sentence prononcée par ses sujets. Que ses malheurs l'ont rendu savant dans la science de l'Evangile! Qu'il sera grand, ce Prince, lorsque la vérité l'ayant vengé de la calomnie, l'histoire lui assignera sa vraie place, en le mettant autant au-dessus des plus grands hommes, que ceux-ci sont au-dessus des hommes ordinaires.

Philosophes, parcourez les fastes de vos Héros et vous verrez que vos Héros les plus vantés sont à peine des hommes auprès de ce Roi chrétien. Louis a tout perdu, il ne lui reste plus que sa vertu, mais tant qu'il la conservera, il ne perdra rien de sa gloire. On l'a dit avec vérité, que le plus agréable spectacle pour la Divinité, c'étoit le juste aux prises avec le malheur. Je me figure en effet le Ciel tout en joie, et dans l'impatience d'accueillir la belle ame de Louis, qu'une sentence aussi illégale que cruelle vient de condamner à mort. Et qui pourroit retarder son vol vers la céleste patrie? S'il lui reste quelques-unes de ces taches dont le juste a peine à se garantir, il a demandé et obtenu un Confesseur Catholique, qu'il édifie par les pieuses dispositions de son ame. Elle ne tenoit plus à la terre, elle étoit déja toute au Ciel. Il n'a plus rien de mortel, une joie extraordinaire rayonne sur son visage. Dussè-je paroître entrer dans les détails que repousse la gravité de la chaire, je répéterai ce que j'ai lu avec attendrissement. qu'il voulut assister à la célébration des SS, mystères, aux quels il participa par une fervente communion; que remettant lui-même un livre à ce fidele serviteur dont il parle dans son testament, il lui indiqua du doigt les prières qu'il devoit dire, se réservant à lui indiquer de l'œil les cérémonies, aux quelles il devoit prendre part.

Qu'on se peigne la situation d'un Monarque qui, pendant toutes ces heures qu'il a la mort devant les yeux, accuse le temps tantôt de précipiter sa marche, tantôt de la retarder, qui se voit descendre tout vivant dans un tombeau creusé par ses sujets ; qui reçoit dans ses bras une Reine dont la vie n'est plus qu'une agonie; une sœur à qui il ne manque plus, pour être dans le ciel que de n'être plus sur la terre; un fils qui, né pour le sceptre, n'a que des fers; une jeune Princesse qu'on craint de voir expirer dans des convulsions! Mais la porte s'ouvre, les barbares entrent ; il faut se séparer , et c'est pour toujours!

LOUIS entre dans son lit aussi tranquillement que si le jour qui doit éclairer son réveil eut dû être un beau jour. Il s'endort, ah ! sans doute ce someil n'est pas celui d'un Tyran. Vous qui l'avez condamné, dites-nous si votre nuit a été aussi paisible.

Ici soyons aussi fermes que Louis XVI qui s'avance au lieu de son supplice, et montre autant de douceur, en donnant son sang, que ses ennemis montrent d'empressement pour le répandre. On le fait passer par les formalités les plus humiliantes. Le Ministre qui l'accompagne, le rappele à la religion. *Il ne manque plus à vos souffrances*, lui dit-il, *que ce trait de conformité avec celles de Jésus-Christ.* Le Roi n'hésite plus; il présente les mains, on les lui lie. *Fils de Saint-Louis, montez au ciel.* Le vœu du Confesseur va être bientôt rempli. Déja Louis est sur l'échafaud. C'est là, Messieurs, qu'il faut le considérer ; c'est là son véritable point de vue; c'est là qu'il est plus grand que lorsque son front brilloit de tout l'éclat du diadème, *Peuple, je meurs innocent.* Ah! il faut l'en croire; dans l'état où il est, il ne doit plus rien au monde que la vérité. *Je souhaite que ma mort cimente le bonheur des François.* Quoi! non seulement il veut que ses bourreaux soient impunis, mais qu'ils soient heureux! Religion sainte, quels Héros tu sais former!

La victime est étendue sur l'Autel; le signal est donné ; l'horrible machine semble se refuser au crime. Mais enfin la France n'a plus de Roi, et le ciel a un Saint de plus. Pleurez, Peuples, quelqu'endroit de la terre que vous habitiez, pleurez l'outrage fait à la majesté des Rois. Notre deuil doit être le deuil de la nature entière.

La soif des Conjurés ne s'éteint point dans le sang du Roi : ils boiront encore celui de la Reine, celui de Madame Elizabeth. Ces trois cœurs ont été trop unis sur la terre, pour n'être pas bientôt réunis dans le ciel. Dieu y appele le jeune Roi. Il ne tardera point à y appeller un jeune Prince du sang Royal, digne descendant du vainqueur de Rocroi, dont la vie eût donné de grands exemples et dont la mort nous laisse d'amers et d'inutiles regrets.

Il nous restait la fille de Louis XVI. Princesse, le doux objet de l'amour des bons François, fuyez, l'Autriche sera une terre hospitalière pour vous. Mais, ô Eternel, veillez sur elle. Anges saints, rangez autour d'elle vos escadrons invisibles; faites la garde autour d'une Princesse malheureuse, à qui de tant de biens, il ne reste plus que le souvenir des attentats commis contre sa famille. Qu'elle vive dans l'exil, puisque son innocence même courroit des risqües parmi les siens. Mais le ciel ne restera pas toujours inflexible. La fille de nos Rois est destinée au vaillant Duc d'Angoulème. Elle doit faire la félicité d'un grand Prince et la joie de toute la France.

Mais que vois-je en attendant ? l'anarchie, les massacres organisés, ordonnés en masse, exécutés de sang froid ; les Temples ouverts à l'idolatrie, fermés au vrai culte ; des milliers de François arrosant de leur sang le champ même de leurs victoires ; un peuple fait pour être aimé, se faisant trop craindre ; toujours désirant la paix et toujours condamné à faire la guerre ; voila les fléaux expiatoires de la mort de Louis XVI. Mais, grand Dieu! posez votre foudre, et laissez-vous fléchir. Voyez au pied de votre Trône, notre Roi qui demande grace pour ses enfans. Comme S.-Etienne sous une grêle de pierre, comme Jésus-Christ sur sa croix ; Louis, sur son échafaud, a sollicité le pardon des auteurs de sa mort. Nous ne sommes point tous coupables ; il est toujours resté des François fidèles, Ce précieux levain, pétri dans le sang d'un Roi martyr, a purifié toute la masse de la nation ; elle vous redemande un Roi légitime.

Tels ont été nos vœux dans les années précédentes; celle-ci les a vu s'accomplir. Les prodiges se sont succédés rapidement. Dieu, qui avoit rendu inutiles tant d'efforts, quand l'heure qu'il avoit marquée fut venue, alla prendre comme par la main le frère de Louis XVI, pour lui restituer son Trône. Politiqués, avouez que vos calculs, ont été trompés. Ce bel évènement, sans doute vous l'avez désiré ; mais ne vous glorifiez point de l'avoir prévu. Ton bonheur actuel, ô France, c'est à Dieu seul que tu le dois. C'est lui qui, quand sa justice fut satisfaite, a fait subitement sortir le calme du sein de la tempête ; parce qu'il vouloit reconcilier le peuple avec son Souverain.

Dieu de S. Louis, affermissez notre Monarque sur le Trône que le crime avoit si indignement renversé et que votre miséricorde a si miraculeusement rétabli, Exaucez les vœux que forme notre dévouement pour sa personne sacrée; ordonnez que ses jours, si chers, si nécessaires à la France, se prolongent dans un heureux avenir et qu'aucun soufflé n'en trouble la sérénité.

Prêtre du Seigneur, poursuivez le sacrifice que vous avez commencé. Les jugements de Dieu nous sont impénétrables. Cependant nous avons cette confiance que ces illustres victimes, objets de nos regrets, ont reçu la couronne des justes; que ces flambeaux, que la piété chrétienne a rallumés, sont les marques de la gloire de Louis XVI, plutôt que les ornements de ses funérailles; que ce sacrifice est plutôt un sacrifice d'action de grâce que d'expiation; qu'enfin nous pouvons, en imitant toutefois ses vertus, invoquer Louis XVI sur la terre, pour mériter de partager un jour son bonheur dans le Ciel.

F I N.